LOURDES CÁRDENAS C.

EL RE

RANDOM HOUSE ESPAÑOL™

RANDOM HOUSE, INC.
NUEVA YORK, TORONTO, LONDRES, SYDNEY, AUCKLAND

Copyright © 2001 por Editorial Libra, S.A. de C.V.

www.rhespanol.com

La información CIP (Clasificación de publicación) se dispone a petición.

Edición a cargo de Mary Haesun Lee y Enrique Montes.
Diseño del libro y la cubierta por Fernando Galeano y Sophie Ye Chin.
Producción del libro a cargo de Lisa Montebello.

ISBN 1-4000-0208-7

Primera edición de Random House Español

Impreso en los Estados Unidos de América

10 9 8 7 6 5 4 3 2 1

Índice

El mejor nombre para tu bebé

Introducción

En el diccionario la palabra nombre se define como aquélla que sirve para designar a las personas, animales o cosas. La palabra nombre tiene un significado muy importante, pues con él se nos va a conocer en el curso de nuestra vida; se nos reconocerá individualmente y por medio de él nos distinguiremos de los demás. Por esto es importante escoger detenidamente un nombre para nuestro futuro hijo o hija.

Los nombres que aquí presentamos están ordenados por países y de ahí alfabéticamente, otros por alguna celebridad, otros por el nombre de una virgen o santo y otros se explican por medio de un análisis psicológico; diciendo cómo es la persona que lleva tal o cual nombre. El orden del libro presenta primero nombres de algunos países como Alemania, Arabia Saudita; otros nombres son eslavos, españoles, franceses, griegos, etc. Después viene una lista de nombres de personas y lugares célebres de la antigüedad, nombres famosos de escritores mexicanos y por último nombres de mujeres famosas.

La intención de este trabajo es mostrar el país de origen de

cada nombre a fin de que los padres escojan un nombre ade-
cuado para su bebé. Esperamos que el presente libro sea de su
agrado y que algún nombre le sugiera algo especial y por lo
tanto este trabajo sea útil para los futuros padres o los que ya
lo son.

NOMBRES ALEMANES (HOMBRES):

A

ADOLFO:
Héroe de sangre azul; amistoso en las labores. Cumplido con sus semejantes.

ALARICO:
Monarca absoluto. Hombre que reina sobre los demás.

ALFONSO:
El que lucha. Celoso en las tareas. Hombre que siempre cumple con su deber.

AMERICO:
Infante laborioso. Persona cumplida con su trabajo.

ANSELMO:
Yelmo del patrono. De gran ayuda para los demás.

ARCHIBALDO:
Osado, atrevido en todo.

ARMANDO:
Jefe con éxito. Triunfa en todo lo que se propone.

ARNALDO:
Dinámico. De gran energía y entusiasmo.

B

BELTRAN:
Cuervo brillante. Apuesto e inteligente.

BERNARDO:
Omnipotente y arrojado. De grandes valores.

BERTOLDO:
Osado y audaz. Emprendedor e intrépido.

BRAULIO:
Guerrero de esplendoroso sable.

BRUNO:
Moreno. Combatiente de armadura oscura.

C

CARLOS:
Victorioso. De gran resistencia.

CLODOMIRO:
Célebre caudillo.

CLODOVEO:
El que se llena de gloria en el combate.

E

EDGAR:
Que defiende sus riquezas.

ENRIQUE:
El varón que dirige a los demás.

ERICO:
El caballero que manda siempre.

EUDORO:
Obsequio precioso.

EVERARDO:
Audaz como un oso. Valiente y arrojado.

F

FEDERICO:
El que trae la paz a el mundo.

FERNANDO:
Viaje aventurado.

FRANCO:
Independiente, autosuficiente.

FRANZ:
Variación de Francisco. Voluntarioso.

FROILAN:
El dueño de sus actos.

G

GELMIRO:
El caballero de ilustre lanza.

GERHARD:
Diestro con su lanza. Hábil e ingenioso.

GILBERTO:
Proveniente del alemán, significa promesa y brillantez.

GILDARDO:
Valeroso, grande.

GONZALO:
Diestro en el combate.

GUALBERTO:
Caballero respetable.

GUNDEBALDO:
Diestro en el combate.

GUSTAVO:
El que manda en el combate. Líder de nacimiento.

H

HAROLDO:
Jefe militar. El que manda a los demás.

HENAN:
Variante de Hernando.

HENRY:
Variación de Enrique.

HERIBERTO:
Pertenece al más brillante de los ejércitos.

HERNAN:
Hombre de la milicia.

HOWARD:
Fuerte de mente. Con gran influencia sobre todos.

HUGO:
Gran oficial. Valiente y leal.

HUMBERTO:
Hombre ilustre. Culto y con dotes para la enseñanza.

I

IVOR:
Reconocimiento, constatación.

L

LEOPOLDO:
Hombre valiente.

LUDWIG:
Forma alemana de Luis. Combatiente sumamente audaz. Siempre victorioso.

M

MERARDO:
Diestro en el mando. Con posibilidades de triunfo.

MILES:
El caritativo. Hombre de gran corazón.

N

NORBERTO:
Mar brillante. Fiel a sus amistades.

O

OSCAR:
Bayoneta de las deidades.

OSVALDO:
Gobernante omnipotente.

OTHON:
Rico e inquieto.

OTTO:
Similitud con Othón. Venturoso.

R

RAINIERO:
La armada del consejo.

RAMON:
Prudente y protector con los desvalidos.

RICARDO:
Líder poderoso y valiente.

RODOLFO:
Lobo famoso. Jefe de gran valor.

RODRIGO:
Similitud a Rodolfo. Ganador.

ROGELIO:
Famoso lancero.

ROLANDO:
Tierra famosa. Similar a Roldán.

ROLDAN:
Que viene de un país glorioso. Gusta de las aventuras.

S

SEGISMUNDO:
Amparadora victoria. Afamado.

SIGFRIDO:
Victorioso en todo lo que emprende.

T

TEOBALDO:
Príncipe del pueblo. Querido por todos.

U

UBLADO:
El caballero de espíritu audaz y grandes triunfos.

UDOLFO:
Patrono dichoso y justo.

ULRIK:
Poderío como el de los lobos.

V

VALDEMARO:
Resplandeciente en el mando. De gran inteligencia.

VULMARO:
Combatiente intrépido y veloz.

W

WALTER:
Poderoso líder militar. Mente alerta y clara.

WILFRIDO:
Dulce, amable. Generoso y caritativo.

WILHELM:
El que ampara. Variación de Guillermo.

WILLIAM:
Perseverancia en todos sus actos.

WOLFGANG:
Vereda. El que sigue el camino del bien.

NOMBRES ALEMANES (MUJERES):

A

ADELAIDA:
Buena, misericordiosa. Amable con los que sufren.

AIDA:
Feliz. De acciones nobles y pensamientos elevados.

ALARCIA:
Dueña de todo. Modesta y humilde.

ALDA:
Experta en las artes curativas.

ALICIA:
Aristócrata de noble familia.

ALVINA:
La predilecta de todos.

ANSELMA:
Forma femenina de Anselmo. Casco del omnipotente.

AVA:
Variación de Eva.

B

BERNARDINA:
Incomprensible. Afecta a que los demás hagan lo que ella quiere.

BERTHA:
Deslumbrante. De acciones nobles y actos humanitarios.

BLANCA:
Resplandeciente y educada.

BRIGITTE:
Brío, fortaleza. De carácter recio.

BRUNILDA:
Guerrera morena.

C

CAROLINA:
Vigor, vitalidad. De grandes inquietudes.

CASILDA:
Dama muy valiente y arrojada.

CLOTILDE:
Retoño del jefe. De mentalidad e ideas claras. Por lo general, numerosas. Las Clotilde son muy poco ambiciosas. Son de carácter independiente y viven la vida al día. No siempre son fieles a sus sentimientos; pero son capaces de conservar una amistad toda la vida.

D

DALIA:
Residente del valle de las flores.

E

EDITH:
Dueña de bienes. Generosa con los demás.

EDUVIGES:
La que pelea por lo que es justo.

ELSA:
Aristócrata de noble cuna.

EMMA:
La cosmopolita. Mujer refinada.

ERNESTINA:
Honesta y cariñosa, amante de la naturaleza.

F

FREDA:
Paz. En la mitología griega fue esposa de Teseo.

FRIDA:
De gran entereza y claro entendimiento.

G

GARDENIA:
Nombre de una flor.

GENOVEVA:
Ola blanca. Mujer honesta y pura.

GERALDINA:
Femenino de Gerardo.

GERDA:
La que es amparada por todos.

GERTRUDIS:
Que es fiel a sus promesas. Leal.

GISELA:
Mujer de palabras dulces.

GRETA:
Diminutivo de Margarita.

GRETCHEN:
Variación de Margarita.

GRETEL:
Variación de Margarita.

GRISELDA:
Doncella de combate gris. Valiente e intrépida.

GUILLERMINA:
La que protege. Gusta de los deportes y las artes marciales.

GUIOMAR:
Famosa en las contiendas por su valor.

H

HEBE:
Flor de la vida y esperanza de los que sufren.

HEDA:
Guerrara innata.

HEIDI:
Variación de Adelaida.

HERLINDA:
Que protege al ejército.

HIDA:
Doncella combatiente. De palabras brillantes.

HILDA:
Doncella de batalla.

HILDEGARDA:
Etapa de descanso en el combate.

I

IDELIA:
Noble, de la aristocracia.

ISA:
Vacilante en sus pensamientos. De gran corazón.

K

KARLA:
Femenino de Carlos. De gran resistencia y pensamientos firmes.

L

LEONILA:
Que pelea como león.

LORELEI:
Que cautiva a los que la conocen.

M

MARILDA:
Célebre por su belleza.

MELISENDA:
Fuerte y valerosa.

MILDRED:
Guía, asesora.

O

OTILIA:
La madre tierra. De gran fecundidad.

T

TORA:
Estruendo de tormenta.

U

ULRIKE:
Gobierno de lobos. Femenino de Ulrik.

UTA:
La reina Uta de Borgoña, según la mitología alemana.

V

VALDA:
Campeona en los deportes.

W

WALDA:
Mujer excepcional, por su ingenio.

WANDA:
La maravillosa.

WILMA:
Femenino de Wilhelm. Amparadora, dadivosa y misericordiosa.

NOMBRES ARABES (HOMBRES):

A

ABADALLAN:
Siervo de Dios. Hombre caritativo y humano.

ABDUL:
Servidor del Mesías. Hombre de religión.

ALADINO:
Superioridad a la fe. El milagroso.

ALI:
Pensamientos limpios. Corazón blanco.

B

BENASAL:
El de Melero.

BENASAN:
El del jardín. Hombre de pensamientos aromáticos.

BENATAEZ:
Se usaba para los de casta inferior.

BENAZOLBE:
El duro de corazón. También significa "negociante" y de carácter recio.

H

HAROUN:
El elevado, el exaltado. Es una variación de Aarón.

J

JALIL:
Amigo. Amigo de Dios, amigo de los hombres, amigo de la naturaleza.

K

KALID:
El inmortal. El que nunca se va.

KJALIL:
Variación de Jalil.

N

NEGUIM:
El ilustre de pensamientos.

O

OMAR:
Larga noche y días felices.

R

RAZIEL:
Dios es mi secreto. Hombre de religión.

Y

YAMIL:
Bello. Es el equivalente a Emilio.

NOMBRES ARABES (MUJERES):

A

ADZUIRA:
Bonita y honesta.

ALMIRA:
Princesa de corazón impar.

AMBROSIA:
Perteneciente a las damas de la corte de los Emiratos Arabes.

C

CARMEN:
Viña. De inigualable belleza. Hay claridad y brillantez en la

mujer que lleva ese nombre. Es franca y en algunas ocasiones demasiado directa, siempre razonable pero posee cierto idealismo. Nunca se deja influenciar por decisiones de los demás.

J

JANILA:
Mujer de gran belleza.

N

NAJLA:
Ojos grandes y hermosos.

NORA:
Diminutivo de Leonora.

O

OMA:
Amor o la que gobierna. Femenino de Omar.

S

SAHAD:
Felicidad y dicha para todos los que la rodean.

SAMARA:
Que cuida a los menesterosos.

SULAMA:
Perfección completa y rectitud comprobada.

V

VALMUZA:
Musa fuente de inspiración.

Y

YAMILE:
Bella. Femenino de Yamil. Equivalente a Emilia.

Z

ZAHARA:
Brillante. Mujer apta para los negocios.

ZAIDA:
Ajena. Arbol que crece desmedidamente.

ZAIRA:
Llena de flores. Amigable y de buen corazón.

ZALAMEA:
Saludable. Llena de vida y fuerza.

ZALIMA:
Piedra. Mujer de iniciativas.

ZAMBRA:
Bando, grupo. Aquélla que gusta de las flores.

ZORAIDA:
Elocuente, conductora de multitudes.

ZUBIA:
Ermita.

ZUCAYNA:
Casita.

ZULEICA:
Mujer de belleza sin par.

ZULEMA:
Sana y vigorosa.

NOMBRES ESLAVOS (HOMBRES):

A

ALEXANDR:
General ruso que vivió más de cincuenta años como militar en el siglo XVIII. Su nombre quiere decir el protector.

B

BOGDAN:
Su significado es dado por Dios y para Dios.

BOGUMIL:
Querido por Dios. El preferido.

BOGUSLAW:
El que habló bien sobre Dios.

BORIS:
Significa guerrero incansable y valeroso.

C

CASIMIRO:
Paz. Hombre de nobles ideas.

D

DIMITRI:
Perteneciente a Démeter. Según la mitología griega, Démeter es una deidad terrestre y maternal.

E

ESTANISLAO:
El más glorioso y arrojado.

F

FEODOR:
Regalo de Dios. Es una variación de Teodoro.

I

IGOR:
La persona con este nombre será un poco reservada. El héroe es su significado.

ILYA:
Dios es Jehová. Este nombre es una variación del nombre hebreo Elías. Elías fue un profeta israelí.

IVAN:
Es una variación de Juan. Significa Dios es misericordioso.

K

KAZIMIERZ:
Castigo con justicia.

KIKIMORA:
El petrón del sueño.

M

MIKHAIL:
Es una variación de Miguel.

MIROSLAW:
El que difunde la paz.

P

PAVEL:
Significa pequeño.

PIOTR:
Nombre de un notable zar, realizó una labor encomiable en aras del desarrollo del estado ruso. Su nombre significa piedra.

S

SASCHA:
Es un diminutivo de Alexei; quiere decir el que evita a los hombres.

SERGEI:
Variación de Sergio; significa el que atiende.

NOMBRES ESLAVOS (MUJERES):

A

ANIELA:
Angel de belleza inigualable.

B

BOGUMILA:
Querida por Dios y por los hombres.

BOGUSLAWA:
La que habló bien sobre Dios.

I

IVANKA:
Dios es misericordioso. Femenino de Iván.

L

LIDA:
Amada por la gente. De buenas intenciones.

LUBA:
Amor y paz para los que la rodean.

M

MARJA:
Amargura.

MIROSLAWA:
La que difunde la paz y la palabra de Dios.

N

NADA:
Esperanza para los hombres.

NADIA:
Esperanza. Variación de Nada.

T

TANYA:
Es una variación de Tatiana.

TATIANA:
Su significado es hada.

V

VERA:
Significa fe.

W

WLADYSLAWA:
La que apoya el poder y las leyes.

NOMBRES ESPAÑOLES (HOMBRES):

A

ADEMARO:
El obispo.

ALFIO:
El mártir.

ANTONIO:
Derivado de Antonio.

F

FELIPE:
El que ama a los caballos. Hombre enérgico.

I

IMANOL:
Es una variación de Manuel.

J

JAVIER:
Dueño de la nueva casa.

NOMBRES ESPAÑOLES (MUJERES):

A

ALMA:
Espíritu. Mujer de acciones nobles.

B

BEGOÑA:
En recuerdo a la virgen del mismo nombre.

BELINDA:
Bella, hermosa y de buen corazón.

C

CARLOTA:
Poderosa en sus actos.

CONSUELO:
Consolación para los que sufren.

D

DOLORES:
En recuerdo a la virgen del mismo nombre. A la vez significa pesares.

DULCINEA:
Mujer dulce y amable.

E

ESMERALDA:
Una piedra preciosa de color verde. Esperanza.

J

JUNCAL:
Lugar de juncos y las aguas.

M

MACARENA:
En recuerdo a la virgen del mismo nombre.

MERCEDES:
Misericordia para todos.

MIREN:
María.

MONTSERRAT:
Es un recuerdo a la virgen del mismo nombre.

N

NEKANE:
Variación de Dolores. De espíritu elevado.

NINA:
Niña es su significado.

P

PIEDAD:
En recuerdo del nombre de Virgen de la Piedad.

PILAR:
También en recuerdo a la virgen del mismo nombre.

R

ROSALINDA:
Una bella rosa del jardín.

V

VALERIA:
Es una ciudad antigua.

X

XIMENA:
Variación de Jimena.

NOMBRES FRANCESES (HOMBRES):

A

ABELARDO:
Parecido a una abeja. Trabajador e industrioso.

AIRY:
Forma francesa de Agerico. Hombre de altura.

AMAURY:
Forma francesa de Amalrico.

C

COURTNEY:
El que vive en la corte.

D

DELANO:
De la nobleza.

DIDIER:
Forma francesa de Desiderio.

F

FRANCOISE:
Libre. Variación de Francisco.

G

GASTON:
Proveniente de las vascongodas.

GERARD:
El de la lanza valerosa.

H

HENRY:
Gobierno de casa y de los hombres.

J

JEREMY:
Nombrado por Dios para sus designios.

M

MERLIN:
Halcón de los bosques y las montañas.

MORTIMER:
Del agua quieta y brillante.

N

NOEL:
Nacimiento de Cristo.

O

ORSON:
El hijo del lancero. Hombre valiente.

OSMAR:
Divinamente glorioso. De porte y apostura.

OSMOND:
Protector divino de los necesitados.

P

PERCY:
Un lugar de Francia.

PHILIPPE:
El que ama los caballos y los protege.

PIERRE:
Piedra. De carácter duro.

R

RENAN:
Erudito, filósofo. De conocimientos profundos.

ROY:
Rey.

S

SAUVEUR:
Aquel que salva a todos.

SOLANGE:
Forma francesa de Salemnia.

T

THIERRY:
Forma francesa de Teodorico.

Z

ZACHARIE:
Forma francesa de Zacarías.

NOMBRES FRANCESES (MUJERES):

A

AIDEE:
Absoluta seriedad. Honestidad en sus actos.

AIMEE:
Amad.

ALINE:
Forma francesa de Alina.

AMBAR:
La joya ámbar. Inquieta y atrevida.

ANGELE:
Angel o mensajero de Dios.

B

BERNADETTE:
Gran oso de las montañas.

BRUNELLA:
La de cabello castaño y ojos obscuros.

C

CARLOTA:
Fuerte como un roble.

CAROLINE:
Forma francesa de Carolina.

CENDRILLON:
La pequeña entre las cenizas (Cenicienta).

CHANTAL:
De gran belleza y noble cuna.

E

EGLANTINA:
Una viva rosa en el jardín.

ELAINE:
Variación de Elena.

F

FAY:
Un hada del bosque.

FRANCOISE:
Femenino de Francisco.

J

JACQUELINE:
Femenino de Jacob. Inteligente, audaz.

L

LILLE:
Región de ese mismo nombre.

LORENA:
De la región de Lorraine.

LOURDES:
En recuerdo a la virgen de Lourdes.

M

MANON:
Equivalente a María.

N

NINON:
Equivalente a Ana.

NOELLE:
Variación de Natalia.

V

VERONIQUE:
Variación de Verónica.

NOMBRES GRIEGOS (HOMBRES):

A

ADELFO:
Quiere decir unido a la familia.

AGAMEMNON:
Uno de los personajes más importantes en la colección de leyendas del pueblo griego. Hijo de Atreo y hermano de Menelao. Es una persona de mucha voluntad y muy activo.

ANASTACIO:
Significa aquél que revivió de entre los muertos.

ANQUISES:
Hermoso joven hijo del rey de los Dárdanos, pastor en el monte Ida. Se enamoró de Afrodita y de su unión nació Eneas.

APOLO:
Es uno de los más célebres y representativos dioses griegos. Tuvo gran culto en Grecia pues todas las ilusiones masculinas se encarnan en este dios (la belleza, la poesía, la música y el arte).

AQUILES:
Hijo de Peleo y Tetis. La leyenda de su invulnerabilidad nace porque Tetis lo sumerge en la fuente del Hades, sosteniéndolo por el talón, que es su única parte vulnerable.

ARES:
Dios de la fuerza, el amor y la guerra. Fue muy famoso.

ATLAS:
Es uno de los titanes de la mitología griega. Hijo de Yapeto y Climene. Se le hace sostener el mundo sobre sus espaldas al ser castigado por Zeus.

B

BLAS:
Su comportamiento será tranquilo y apasible, pero su plática excesiva.

C

CRONOS:
Hijo menor de Urano. Se casó con su propia hermana y de esa unión nacieron: Hestia, Démeter, Hera, Hades, Poseidón y Zeus.

D

DELFIN:
Mensajero del dios del mar. Fue puesto por éste como una constelación.

DEMOFONTE:
Es hijo de Teseo y hermano de Acamas. Fue amante de Laodicea.

DIONISIO:
Dios que renueva la vida vegetal, animal y humana.

DORIAN:
Será una persona con toque frío y calculador.

G

GREGORIO:
La honradez lo acompaña siempre. Será muy leal con los suyos.

H

HECTOR:
Primer hijo de Príamo. Se casó con Andromaca y fue padre de Astianax. Es una figura legendaria de gran tradición en la mitología griega. De los dioses griegos es el más bello por su fuerza y nobleza. Tiene fortuna en el amor y en los negocios.

HERCULES:
Semi-dios en la mitología griega. De gran fuerza al cual se le consideró la gloria de Juno.

HERMES:
Padre de Hermafrodito. Protector muy especial del comercio que por su tacto se convirtió en el mensajero de los dioses.

HIPOLITO:
Hijo de Teseo y la amazona Hipólita. Teseo vuelve a casarse con Freda cuando Hipólita muere. La madrastra se enamora de Hipólito, y Teseo envuelto en ira expulsa a su hijo.

I

IDAS:
Era el más valiente de los hombres y tuvo la osadía de lanzar sus dardos contra Apolo.

IDMON:
Hijo de Apolo y una ninfa. Fue vidente en la expedición de los Argonautas.

J

JACINTO:
Príncipe espartano de extraordinaria belleza del cual se enamora el poeta Tamiris. Pero también se enamora Apolo el cual despechado lo convierte en una flor de jacinto.

JAPETO:
Hijo de Urano y Gea. De la unión con Climene tuvo cuatro hijos.

L

LEON:
Su carácter será agresivo pues su comportamiento es muy parecido a su nombre.

LINO:
Poeta y músico maravilloso que fue muerto por Apolo a causa de envidia. Hijo de Urania y Apolo.

M

MARTE:
En la mitología griega, el dios de la guerra.

N

NEREO:
Hijo de Ponto y Doris; dió vida a las Nereidas. Dios de los mares habita en las profundidades del Egeo.

NESTOR:
Fue famoso por su discreción. Contribuyó a la victoria sobre los troyanos.

P

PANFILO:
Gustoso, hará favores a su prójimo.

PARIS:
Ultimo hijo de Príamo y Hécabe, también llamado Alejandro; es uno de los personajes más famosos de la mitología griega.

PATROCLO:
Hijo de Meneceo. Uno de los héroes de la Iliada, amigo de Aquiles que fue muerto por Héctor.

PRIAMO:
Rey de Troya cuando ésta fue destruida. Padre de París.

PSIJE:
Con este término se denota al alma humana o a la parte superior del cuerpo.

R

RADAMANTIS:
Hijo de Zeus y Europa. Conquistó Asia menor para su hijo Eritro
y la isla de Quíos para Enopio.

RESO:
Fue un semi-dios en la mitología griega.

S

SERAPIO:
Dios del principio viril. Su culto se propagó entre los militares y
algunos civiles; relacionado con Isis y Osiris. Fue admirado por
quienes lo conocieron.

SOFOCLES:
Significa sabio y afamado. Poeta trágico que influyó en el teatro;
escribió Edipo Rey y Electra.

T

TESEO:
Es hijo de Poseidón. Es muy importante en la literatura griega
por ser el héroe de la mitología que acabó con el Minotauro.

TORIBIO:
De carácter conflictivo, gusta de peleas y polémicas.

TRITON:
Hijo de Anfitrite y Poseidón. Significa agua o el que ciñe las aguas.

U

URANO:
Unido a Gea dio vida a los titanes de la mitología y fue rey de éstos.

URION:
Hijo de un pobre cultivador, es el presagio de lluvias en la primavera y el verano.

Z

ZEUS:
Hijo de Cronos y Rea. Su padre devora a sus hermanos, pero al nacer él, su madre lo pone a salvo. Zeus destrona a su padre y toma la soberanía de los dioses.

NOMBRES GRIEGOS (MUJERES):

A

AFRODITA:
Diosa de amor, la fertilidad y la belleza. Es muy venerada en toda la región de la cultura griega.

ANDROMACA:
Hija de Etión y esposa de Héctor. Su familia fue muerta por Aquiles y su madre hecha prisionera.

ARIADNE:
Hija de Minos y Pasifea. Se enamoró de Teseo, de quien quedó encinta y al dar a luz murió.

ASPASIA:
Mujer de gran inteligencia y belleza. Esposa y consejera de Pericles.

B

BARBARA:
Este nombre no tiene mucha firmeza; las llamadas así no son muy económicas, pero son dignas de confianza, son ordenadas sobre todo en los asuntos sentimentales. En el trabajo son un poco lentas de ejecución. Su temperamento es melancólico y nervioso.

BRIZO:
Diosa a la cual veneraban en Delfos, en especial las mujeres. También era inspiradora de sueños proféticos.

C

CASSANDRA:
La más hermosa de las hijas de Príamo. Por lo general es vidente de tristes augurios.

CATALINA:
Su temperamento es activo, son personas audaces y capaces de abrirse camino en la vida; en el trabajo llegan a ocupar puestos importantes.

CLOE:
Diosa muy celebrada en primavera. Su nombre significa verdor. Renueva las plantas.

CRISTINA:
Las personas llamadas así representan a las esposas ideales, las amigas y compañeras perfectas. Su capacidad intelectual es grande lo que hace posible el éxito.

CYRENE:
La ninfa que tuvo un hijo de Apolo llamado Aristeo.

D

DAFNE:
Hija del río Peneo; ninfa de la montaña de la cual Apolo se enamoró.

DEMETER:
Diosa de los siembros y cultivos. Protectora de la agricultura, principalmente del trigo y de toda semilla o grano con que el hombre obtiene pan.

DEYANIRA:
Hija de Eneo. Esposa de Heracles, fue ganada por éste en un combate contra Aquiles.

DIRCE:
Esposa de Lico. Una fuente lleva su nombre.

DOROTEA:
La cualidad más significativa de este nombre es la sensibilidad. Dulzura, ternura y memoria excelente. Voluntad y energía que se manifiesta en los momentos precisos. Tendrá confianza en sí misma y será independiente. Se sienten atadas al destino. Tienen buenos sentimientos y un carácter agradable.

E

EURIDICE:
Hija de Amintas. Fue dada en matrimonio a Filipo el arrideo.

EURINOME:
Fue la creadora de los titanes y la organizadora del mundo; se casó con Ofión.

EUROPA:
Hija de Agenor y Telefasa. Zeus se enamoró de ella y la poseyó; tuvo tres hijos.

F

FEBE:
Significa luna llena. Es una de los titanes, hija del cielo y la tierra.

FREDA:
Hija de Minos y Pasifea. Se casó con Teseo. Se enamoró de su hijastro Hipólito.

H

HALIA:
Ninfa de la cual se enamoró Poseidón, y del que tuvo seis hijos y una hija.

HELENA:
Hija de Zeus y Leda. Está relacionada con el culto a los árboles, se dice que murió colgada en uno de ellos.

HESTER:
Las personas con este nombre son activas. De temperamento audaz y temerario. Son impulsivas y generosas pero con frecuencia cambian de opinión. Tienen mucha confianza en sí mismas.

I

ILIONA:
Hija de Príamo y Hécabe. Salvó la vida de Polidoro.

IO:
Hija del río Inaco el cual la llama luna. Zeus se enamora de ella. De esta unión nace Libia.

IRENE:
Las personas llamadas así tienen un carácter equilibrado. Son muy prudentes y reflexivas; tienen firmeza en sus decisiones.

IRIS:
Fue madre de Eros. Diosa del arco iris. Siempre fue la indicada para los mensajes secretos.

ISIS:
Fue patrona de una gran parte del mundo mediterráneo. Tuvo mucho influjo en las leyendas helénicas. Su culto se estableció en el Pireo.

L

LEDA:
Hija de Testio. Personaje muy famoso en la mitología; fue madre de Helena.

LETO:
Una de los titanes. Madre de Apolo y Artemis e hija de Coeo y Febe. Sus hijos nacen en Delfos.

LEUKE:
Ninfa. El dios Hades se enamora de ella y al ver que ésta se resiste la convierte en un álamo.

M

MAYA:
Es una deidad materna. Hija de Atlas y madre de Hermes, del cual es padre Zeus.

MELISSA:
Así fue llamada a la sacerdotiza de Démeter, Artemis o Rea; diosas implicadas en el culto de la tierra. Su nombre significa miel.

MINERVA:
Tiene el patrocinio de la sabiduría, de la guerra y de la recta justicia.

MIRINA:
Fue la reina de diferentes amazonas que vivían en las cercanías del mar negro. Fue muerta en Tracia.

P

PENELOPE:
Hija de Icario y prima de Helena. Se casó con Odiseo. Cuando éste se dirige a Troya a combatir, Penélope es asediada por múltiples pretendientes, no los rechaza sino que los hace esperar hasta que termine su tejido.

PENTESILEA:
Reina de las amazonas. Era una mujer muy bella y valiente. Fue a Troya con su ejército.

S

SELENE:
Diosa lunar que nace en Teia, una de las titanes. A ella están relacionadas Hera, Artemis, Hécate e Io.

SEMELE:
O Tione. Hija de Cadmo y madre de Dionisio. Zeus se enamoró de ella y Hera iracunda se vengó de ella haciendo que quedara consumida por los rayos de Zeus.

SEMIRAMIS:
Hija de la diosa asiria Serceto. Llegó a ser famosa por su belleza la que impresiona a los reyes. Muere y se transforma en una paloma.

SIRINGA:
Ninfa de la cual estaba enamorado Pan. Ella no quiso ceder a sus deseos y al huir quedó presa en la tierra.

SOFIA:
Este nombre indica que las facultades intelectuales aparecen acompañadas de cierta sensibilidad. Su carácter no es muy firme sino algo duduso. Las llamadas así aman el dinero y el deporte.

T

THALIA:
Su nombre quiere decir floreciente. Es una de las nueve musas de la mitología; éstas eran dirigidas por Apolo y divertían a los dioses del Olimpo. Thalía representa la comedia.

THERESA:
Las personas llamadas así poseen gran energía y dinamismo. Su carácter es ambicioso y demostrativo. Saben lo que quieren y lo consiguen. Poseen marcadas dotes para dirigir.

Y

YOLA:
Hija del rey de Ecalia. Se enamora de Herácles. Mata a su padre para huir con él.

NOMBRES HEBREOS (HOMBRES):

A

AARON:
Hermano mayor de Miriam y Moisés; acompañó a éstos en la liberación de Israel.

ABEL:
Segundo hijo de Adán y Eva. Se convirtió en pastor y fue muerto por Caín.

ABIRON:
Uno de los tres hombres que se amotinaron contra Aarón y Moisés.

ABNER:
Jefe de las tropas de Saúl.

ABRAHAM:
Descendiente de Sem e hijo predilecto de Téraj. Su esposa fue Sara.

ADAN:
Primer ser humano que Dios creó; sólo estaba sometido a él y mandaba sobre las demás criaturas. Su nombre quiere decir hombre de tierra roja.

AMAN:
Uno de los príncipes que vivío en el palacio del rey Asuero.

ANAIAS:
Uno de los jóvenes escogidos por el rey Nabuconodosor, para vivir en el palacio.

ANAS:
Suegro de Caifás. Era un sumo sacerdote.

ANDRES:
Pescador, hermano de Pedro. Fue uno de los doce apóstoles.

ARTAJERJES:
Hijo del rey Asuero. Gobernó Persia.

ASUERO:
Hijo de Darío, sucedió a éste en el trono.

AZARIAS:
Fue llevado al palacio del rey Nabuconodosor al conquistar éste Jerusalén.

B

BALTASAR:
Sucedió a Nabuconodosor en el trono. Hombre malvado dedicado a los placeres. También se llamaba así uno de los reyes de oriente.

BARRABAS:
Ladrón y asesino muy conocido.

BARTOLOME:
Uno de los doce apóstoles de Jesús.

BEN AMMI:
Nieto de Lot; de él descienden las tribus amonitas.

BENJAMIN:
Hijo de Raquel. Decimosegundo hijo de Israel. Hermano de José. Su nombre significa hijo de mi mano derecha.

BETUEL:
Padre de Rebeca.

BOOZ:
Pariente de Elimelek. Fue el segundo esposo de Ruth.

C

CAIFAS:
Sacerdote, yerno de Anás.

CAIN:
Primer hijo de Adán y Eva. Trabajó la tierra y se convirtió en labrador. Mató a su hermano Abel.

CALEB:
Explorador que llegó a ver la tierra prometida junto con Josué.

CAM:
Uno de los descendientes de Noé. Sus hijos poblaron Africa y fueron los padres de los hombres no hebreos.

CORE:
Se amotinó contra Aarón y Moisés junto con Darán y Abirón.

D

DAN:
Uno de los hijos de Israel y Bilhá.

DANIEL:
Tenía el don de entender y explicar los sueños. Fue llevado al palacio de Nabuconodosor.

DARIO:
Junto con Coré y Aarón, se amotinaron contra Aarón y Moisés.

DAVID:
Hijo de Isaí. Fue uno de los grandes reyes de Israel.

DIMAS:
Fue crucificado junto con Jesús.

E

EGLON:
Rey de Moab. Sojuzgó al pueblo de Israel durante dieciocho años.

ELEAZAR:
Hijo de Moisés. Reemplazó a su padre como sacerdote.

ELIAS:
Uno de los cien profetas que se salvaron tras la matanza de éstos en Israel. Su nombre quiere decir Dios es Jehová.

ELIEZER:
Fiel y confiable sirviente de Abraham.

ELIMELEK:
Esposo de Noemí. Condujo a su familia a Belén.

ELISEO:
Sucedió a Elías como profeta. Hizo milagros a muchas personas.

ENOS:
Primer hijo de Set. Nieto de Adán y Eva.

ESAU:
Hijo de Rebeca e Isaac. Su nombre significa velludo. Su hermano gemelo fue Jacob.

F

FELIPE:
Fue uno de los apóstoles de Jesús.

G

GABRIEL:
Arcángel enviado por Dios para decirle a María que sería madre de Dios.

GEDEON:
Hijo de Jaós. Liberó a los hijos de Israel de la mano de Madián.

GESTAS:
Fue crucificado junto con Jesús.

GOLIAT:
Gigantesco soldado filisteo, fue vencido por David.

H

HARAN:
Hijo de Téraj. Murió en Ur de los Caldeos.

I

ISAAC:
Hijo de Abraham y Sara. Fue el orgullo y alegría de su padre. Su nombre quiere decir "el que ha reído".

ISACAR:
Uno de los hijos de Israel y Lía. Tuvo cinco hermanos que fueron: Rubén, Simeón, Leví, Juda y Salomón.

ISAI:
Fue hijo de Obed.

ISMAEL:
Fue hijo de Abraham y Agar. Estuvo destinado a ser un gran líder.

ISRAEL:
Padre de José y esposo de Raquel. Su nombre quiere decir luchando con el señor.

J

JACOB:
Hijo de Rebeca e Isaac. Su nombre quiere decir el que ase del talón. Fue hermano de Esaú e hijo predilecto de Rebeca.

JAFET:
Uno de los hijos de Noé. Hermano de Sem y Cam. De él descendieron los pueblos gentiles o no judíos.

JAIRO:
Uno de los jefes de la sinagoga. Su hija fue resucitada por Jesús.

JANATHAN:
Amigo de David. Advirtió a éste sobre los planes del rey para matarlo. Su nombre quiere decir Jehová dio.

JEHU:
General del ejército de Joram; encabezó una rebelión y dio muerte a Jezabel.

JESUS:
Hijo de José y María. Es el hijo de Dios.

JETRO:
Padre de Séfora (esposa de Moisés).

JIRAM:
Rey de Tiro.

JOAB:
Sobrino de David y general de su ejército.

JONAS:
Nacido en Galilea. Fue tragado por una ballena y después expulsado en la playa por el mismo cetáceo.

JOSE:
Hijo de Rebeca e Israel. Fue el hijo favorito de su padre. Sus hermanos lo vendieron a los ismaelitas.

JOSUE:
Explorador que llegó a ver la tierra prometida junto con Caleb.

JUAN:
Profeta, hijo de Zacarías e Isabel. Conocido como Juan el Bautista.

JUDA:
Hijo de Israel y Rebeca. Hermano de José, de él fue la idea de vender a su hermano a los ismaelitas.

JUDAS:
Uno de los doce apóstoles de Jesús.

K

KYLION:
Hijo de Elimelek y Noemí. Su esposa fue Orfa.

L

LABAN:
Hijo de Betuel, hermano de Rebeca.

LAMEC:
Padre de Noé. Hijo de Matusalén.

LAZARO:
Hermano de Marta. Fue resucitado por Jesús.

LEVI:
Uno de los hijos de Israel y Lía.

LOT:
Descendiente de Sem. Sobrino de Abraham.

M

MAJLON:
Hijo de Elimelek y Noemí. Se casó con Ruth.

MARDOQUEO:
Judío que vivía en Susa; trabajaba en la puerta real cuando Asuero era rey.

MATUSALEN:
Descendiente de Set. Fue el hombre que vivió más años sobre la tierra.

MEMUKAN:
Uno de los príncipes del reino de Asuero.

MIGUEL:
Su nombre quiere decir "¿Quién es como el señor?".

MISAEL:
Uno de los cuatro jóvenes elegidos por Nabuconodosor para vivir en el palacio.

MOAB:
Nieto de Lot. De él descienden los moabitas.

MOISES:
Fue adoptado por la hija del faraón. Liberó a Israel de la esclavitud y lo llevó a la tierra prometida. Su nombre quiere decir "de las aguas lo he sacado".

N

NABOT:
Hombre que rehusó vender su viñedo al rey Ajab; fue apedreado hasta morir por desobedecer.

NABUCONODOSOR:
Rey que conquistó Israel.

NAJOR:
Hijo de Téraj, su esposa fue Milka. Siguieron al padre de éste hasta Canaán.

NEFTALI:
Hijo de Israel y Bilhá; hermano de Dan. Su nombre quiere decir "luchando con Dios".

NEHEMIAS:
Judío escanciador del rey Artajerjes.

NICODEMO:
Discípulo secreto de Jesús.

NOE:
Fue hijo de Lamec. Tuvo tres hijos: Sem, Cam y Jafet. Dios deci-

dió salvarle de la maldad del mundo. Su nombre quiere decir "descanso, comodidad".

O

OBED:
Primogénito de Booz y Ruth.

P

PEDRO:
Pescador, hermano de Andrés. Fue uno de los discípulos de Jesús.

POTIFERAH:
Sacerdote de On y noble de mucha importancia. Fue padre de Asenet.

PURA:
Fue criado por Gedeón (hijo de Joás).

PUTIFAR:
Eunuco y capitán de los guardias del faraón.

Q

QUIS:
Fue un hombre joven y apuesto que perteneció a la tribu de Benjamín.

R

ROBOAM:
Hijo de Salomón, sucedió a éste como rey de Israel.

RUBEN:
Primogénito de Israel y Lía. Salvó a José de ser muerto por sus hermanos. Su nombre quiere decir "ten un hijo".

S

SALOMON:
Segundo hijo de Betsabé y David. Sucedió a su padre como rey de Israel. Su nombre significa "aquel que lleva la paz".

SAMBAL-LAT:
Fue el jefe de los samaritanos.

SAMUEL:
Ultimo juez que gobernó en Israel. Su nombre significa "oído por Dios".

SANSON:
Su significado es "pequeño sol". Hijo de Manoaj. Fue escogido por Dios para liberar a su pueblo de los filisteos. Desde joven poseyó una gran fuerza.

SANTIAGO:
Pescador. Uno de los apóstoles de Jesús.

SAUL:
Primer rey de Israel. Hijo de Quis. Su nombre quiere decir "solicitado".

SEM:
Fue uno de los hijos de Noé. De él descienden los antepasados de los semitas o hebreos.

SET:
Fue el tercer hijo de Adán y Eva. Alabó y adoró a Dios.

SIMEON:
Hijo de Israel y Lía. Fue uno de los hermanos de José.

SIMON:
Uno de los doce apóstoles de Jesús.

T

TERAJ:
Descendiente de Sem. Fue un campesino sencillo que vivió en la ciudad de Ur de los Caldeos. Tuvo tres hijos: Abraham, Najor y Harán.

TOBIAS:
Fue jefe de los amonitas. Su nombre significa "Dios es bueno".

U

URIAS:
Soldado del ejército de Israel.

Z

ZABULON:
Hijo de Israel y Lía. Junto con sus hermanos vendieron a José a los ismaelitas.

ZACARIAS:
Esposo de Isabel. Sacerdote descendiente de Aarón.

NOMBRES HEBREOS (MUJERES):

A

AGAR:
Fue una de las esposas de Abraham.

ANA:
Su significado es "la agraciada". Las personas con este nombre tienen un carácter fuerte, son personas serias y soñadoras. Bastante alegres aunque casi nunca lo demuestren. Son personas pacientes que aman el trabajo.

ASENET:
Hija del sacerdote de On. Fue esposa de José.

B

BETSABE:
Esposa de Urías de la cual se enamoró David. Cuando Urías muere, David la desposa.

BILHA:
Esclava de Raquel. Fue madre de otros hijos de Israel.

D

DALILA:
Una mujer hermosa pero sin corazón. Sansón se enamoró de ella y ésta cortóle las trenzas que le daban su fuerza.

E

ELISA:
Significa "consagrada a Dios". Son personas dinámicas, se demuestran variables e impulsivas. Saben sembrar antes de recoger.

EVA:
Compañera de Adán. Dios la creó de una de las costillas de éste. Su nombre quiere decir "vida".

I

ISABEL:
Esposa de Zacarías. Madre de Juan Bautista. Su nombre quiere deicr "juramento de Dios". Estas personas son dinámicas y emotivas hasta el extremo. Son personas de compañía agradable. Se guían por los instintos.

J

JEZABEL:
Fue esposa de Ajab, uno de los reyes de Israel. Hija del rey de Sidón.

JUDITH:
Fue una de las esposas de Esaú. Su nombre significa de Judá.

M

MAGDALENA:
Su significado es "mujer de Magdala". Las Magdalena representan la actividad, entusiasmo y confianza en sí mismas. Son de carácter emprendedor y aspiraciones elevadas.

MARIA:
Su significado es "amargura". Aparentan debilidad y bondad
pero tienen gran fuerza de voluntad. Tienen numerosos ami-
gos e influyen decisivamente sobre las opiniones de los
demás.

MARTA:
Hermana de Lázaro. Amiga de Jesús.

MIKAL:
Esposa de David.

MILKA:
Esposa de Najor. Hija de Téraj.

MIRIAM:
Hermana de Aarón y Moisés. Llevó a este último a orillas
del Nilo y así lo salvó de morir. Su nombre quiere decir
"amargo".

N

NOEMI:
Esposa de Elimelk. Madre de Majlón y Kylión. Su significado es la "agradable".

O

ORFA:
Nuera de Elimelek. Volvió a su pueblo una vez muerto su esposo.

R

RAQUEL:
Hija de Labán, de la cual se enamoró Jacob. Fue de José y Benjamín.

REBECA:
Su significado es "yugo". Esposa de Isaac, hija de Betuel y nieta de Najor.

RUTH:
Nuera de Elimelek. Se quedó con Noemí a la muerte de su esposo. Se casó por segunda vez con Booz. Su significado es "la compasiva".

S

SARA:
Esposa de Abraham, hijo de Téraj. Su nombre quiere decir "la que ríe".

SEFORA:
Esposa de Moisés, hija de Jetró.

SUSANA:
Su significado es "lirio agraciado". Las llamadas así tienen poca resistencia y perseverancia. No se atreven a tomar decisiones; no les gusta adquirir responsabilidades.

V

VASTI:
Esposa del rey Asuero de Israel.

Z

ZILPA:
Esclava de Lía, madre de Gad y Aser.

NOMBRES HINDUES (HOMBRES):

A

ADVARU:
Sacerdote que tenía a su cargo algunos ritos sacrificiales.

AGASTIA:
Sabio que poseía poder contra los demonios.

AGNI:
Deidad que personifica el fuego. Hijo de Priviti y Dyas.

AKAMPANA:
General de los demonios sureños.

ANGADA:
Príncipe de los mohnos en Kiskindya.

B

BALI:
Hermano de Sugriva. Es un rey maléfico.

BARADVADJA:
Discípulo del escritor Valkimi.

BAVABUTI:
Autor que vivió en el siglo XVIII.

BRAHMA:
Dios creador que surgió del huevo cósmico. Habita uno de los más altos cielos. Es el progenitor de la raza humana.

C

CHADRAKETU:
Uno de los dos hijos de Laksmana.

D

DANU:
También denominado Kabanda. Hijo de Laksmi.

DASARATA:
Monarca solar. Padre de Rama.

DEVARATA:
Antepasado real de la dinastía solar.

DJAMBAVAT:
Rey que auxilió a Rama en el rescate de Sita.

DJANAKA:
Padre de Sita. Monarca de Mitila.

DJAYANTA:
Consejero de Dasarta.

DUMRASKA:
Noble a quien Hanumat mató.

DUSANA:
Hermano de Ravana.

G

GARUDA:
Rey de las aves; es más veloz que el viento. Odia el mal y las ser-
pientes.

GUA:
Rey amigo de Rama.

H

HAHA:
Rey de los Gandarvas.

HANUMAN:
Rey de los monos. Su origen es divino. Famoso por su sapiencia y
habilidad.

I

IKSVAKU:
Hijo de Manú y nieto del sol. Fundador de la dinastía solar.

INDRA:
Dios guerrero y atmosférico. Rey de los tres mundos. Hijo de Priviti y Dyaus.

INDRAGIT:
Hijo de Ravana.

J

JAVALI:
Brahamán consejero de Dasarta.

K

KARA:
Hermano de Ravana.

KARUTSKA:
Padre de Ragú. Hombre generoso.

KORTIKEYA:
Dios de la batalla. Hijo de Agni.

KRISHNA:
Deidad que asumió aspecto humano.

KUBERA:
Uno de los ocho guardianes del mundo. También es el dios de la riqueza.

KUSADVADJA:
Tío de Sita, rey de Kekaya.

KUSHA:
Hijo de Rama. De ideas altruistas.

L

LAKSHAMANA:
Hijo de Dasarta y fiel hermano de Rama.

LAVA:
Hijo de Rama. Hombre bondadoso.

M

MANU:
Uno de los catorce padres de la raza humana.

MARUT:
Uno de los dioses de los vientos y la tempestad.

MAYAVI:
Hijo de Maya. Amante de los animales.

MITRA:
Deidad solar. Trae la felicidad y la creación de todo tipo.

N

NIMI:
Padre de Dasarta. De ideas elevadas.

P

PANINI:
Autor de la gramática sanscrita.

PRAJAPATI:
Señor de las creaturas.

PULASTYA:
Hijo de Braham.

PUROITA:
Consejero sacerdotal.

PURUSHA:
Gigante cósmico de cuyo cuerpo se formaron las castas.

R

RAGU:
Hijo de Kakutsa.

RAMA:
Hijo de Dasarta, rey de Ayodya. Se casó con Sita. Tuvo dos hijos: Cusa y Lava.

RANAVA:
Llamado también Sisupala. Robó a Sita, esposa de Rama.

RUDRA:
Deidad menor. Su nombre significa "el aullador".

S

SAGARA:
Rey solar.

SAMBARA:
Genio maléfico que personifica la sequía.

SATANANDA:
Consejero sacerdotal del rey Mitila.

SATRUÑA:
Hijo de Dasarta. Gemelo de Laksmana.

SHIVA:
Dios destructor del mal. Está personificado por un enano, esposo de Devi.

SUBAU:
Fue monarca de Chede. Rama lo mató.

SUDAMANA:
Primer ministro del rey Mitila.

SUGRIVA:
Rey de los varanas.

SUMATRA:
Ministro del rey Dasarta.

SURYA:
Hijo de Dyaus. Personificación del sol. Alimenta a la luna.

SVAYAMBU:
Sinónimo del dios creador.

T

TRISIRAS:
Guerrero suprahumano que poseía tres cabezas.

V

VARUNA:
Deidad celestial.

VASISTA:
Consejero sacerdotal de Dasarta.

VASU:
Padre de Indra. Hombre tranquilo.

VIBISANA:
Noble hermano de Ravana.

VIDYUDJIVA:
Hechicero casado con Surpanaca, hermana de Ravana.

VISHNU:
Deidad menor. Personificó la energía del universo.

VISRAVAS:
Nieto de Brahama. Padre de Ravana.

VISVAMITRA:
Preceptor de Rama.

VIVASTAD:
Encarnación del sol naciente.

Y

YADJNYADATA:
Por un error, Dasarta lo asesinó.

YAMA:
Deidad del inframundo. Preside sobre varios infiernos. Posee el Gran Libro del Destino.

YATU:
Viejo demonio que portaba un arma hecha de diamantes.

NOMBRES HINDUES (MUJERES):

A

ADITI:
Diosa cuyo nombre significa "libre" o "sin límites".

APADMA:
Es la diosa de Sri.

ARUNKA:
Deidad menor conductora del vehículo solar.

D

DEVI:
La gran diosa madre. Es el eterno femenino. Deidad de la fertilidad.

G

GANDARVI:
Deidad femenina asociada con los monos y equinos.

I

INDUMATI:
Princesa madre de Dasarta.

K

KAOSALYA:
Madre de Rama. Mujer honesta.

KEKEYI:
Esposa de Dasarta.

KINARI:
Esposa de Kuvera.

KUNTI:
Hija de una Ninfa. Tía de Krishna.

L

LAKSHMI:
Diosa de la riqueza. Esposa de Vishnú.

M

MANDODARI:
Consorte de Ravana.

N

NARAYAMA:
Diosa del río.

R

ROINI:
Consorte predilecta del dios lunar.

RUMA:
Consorte de Sugriva, rey mono.

S

SACHI:
Esposa de Indra.

SARAMA:
Dama protectora de Sita.

SAVITRI:
Orgullosa princesa, esposa de Saviata.

SITA:
Hija del rey Janaca, monarca de Videa. Su nombre significa "surco". Esposa de Rama. Era muy bella y fue robada por el demonio Ravana. Madre de Cusa y Lava.

SRI:
Sinónimo de Lakshmi, esposa de Vishnú. Diosa de la belleza.

SRUTAKIRTI:
Esposa de Satruña.

SUMITRA:
Una de las esposas de Dasarta. Madre de Laksmana y Satruña.

SYENI:
Madre de las aves. Esposa de Garuda.

T

TARA:
Esposa del rey mono Bali.

TRIDJIDATA:
Anciana que protegió a Sita de Lanka.

U

URMILA:
Princesa de Mitila, esposa de Laksmana.

V

VIANATA:
Madre de Garuda.

Y

YAKSI:
Reina de los Yaksas. Su esposo era Kubera.

NOMBRES INGLESES (HOMBRES):

A

ADAM:
Forma inglesa de Adán.

ALBERT:
Forma francesa de Alberto.

ALEX:
Abreviatura de Alexander.

ALWIN:
Forma inglesa de Alvino.

AMADEUS:
Forma francesa de Amadeo.

ARTHUR:
El noble. De grandes ideales y buen corazón.

ASHLEY:
Habitante de los campos de fresnos.

B

BENEDICT:
Forma inglesa de Benito.

C

CHARLES:
Equivalente a Carlos.

CHESTER:
Campo. Que gusta de la naturaleza.

E

ELTON:
De la vieja aldea.

ERNEST:
El honesto. Hombre de principios rectos.

EVERARDO:
Fuerte y valiente. Audaz.

F

FITZGERALD:
Hijo de la lanza poderosa.

FRIDOLFO:
Lobo de paz.

G

GEORGE:
Campesino. Hombre sencillo y bueno.

GERARD:
Equivalente a Gerardo.

GILBERT:
Equivalente a Gilberto.

GREGORY:
Forma inglesa de Gregorio.

J

JAMES:
Forma francesa de Jaime.

JEREMY:
Forma francesa de Jeremías.

JOSHUA:
Equivalente a Josué.

JULIUS:
Juvenil. De gran entusiasmo.

L

LEWIS:
Juventud.

LUCIUS:
Equivalente a Luciano.

LUKE:
Lucas.

M

MARCELLUS:
Forma francesa de Marcelo.

MORICE o MAURICE:
Forma inglesa de Mauricio.

N

NOAH:
Equivale a Noé.

O

OLIVER:
Equivale a Oliverio.

P

PATRICK:
El noble. Perteneciente a los patricios.

PAUL:
Pequeño y gracioso.

PETER:
Piedra. Equivale a Pedro.

PRESTON:
El que vive en casa del sacerdote.

R

RAPHAEL:
Equivale a Rafael.

RENE:
Es el equivalente a Renato (nacido dos veces).

RODGER:
Famoso lancero que se destacó por su valentía.

ROLANDO o ROWLAND:
Forma inglesa de Rolando.

S

SANBORN:
El que vive en el arroyo.

SIDNEY:
Procedente de St. Denis.

T

THADEUS:
Nombre que proviene del hebreo, equivale a Tadeo.

U

URIAH:
Del hebreo Urías.

V

VALENS:
Forma inglesa de Valente.

VINCENT:
Equivale a Vicente.

W

WINSTON:
Procedente de la aldea.

Z

ZACHARY:
Igual a Zacarías.

NOMBRES INGLESES (MUJERES):

A

ADA:
Próspera, feliz. Bondadosa y gran compañera.

ADELE:
Adela.

B

BATHSHEBA:
Es el equivalente del nombre hebreo Betsabé.

BEVERLY:
La que vive en los campos de castores.

BRIDGET:
Equivale a Brígida.

C

CATHERINE:
Igual a Catalina.

CHARLOTTE:
Forma inglesa de Carlota.

D

DOROTHY:
Equivale a Dorotea.

E

ELLEN o HELEN:
Equivale a Elena.

ETHELDREDA:
Fuerza noble. Mujer que consigue lo que desea.

EVELYN:
Relativo a Eva.

F

FE:
Creencia en Dios.

FELICIA:
Equivalente a Felisa o Felicia.

FLORENCE:
Florencia. Mujer que ama las flores.

FROYLA:
Equivale a Froila o a Fruela.

G

GERTRUDE:
Forma inglesa de Gertrudis.

GILDA:
"Cubierta de oro". Próspera y amada por todos.

GRANATE:
Como una piedra del mismo nombre. Color rojo y alma pura.

GWENDOLYN:
La de las cejas blancas.

H

HAZEL:
El nogal.

HEATHER:
La flor o el arbusto de Brezo.

HOLLY:
Arbol de Acebo.

HOPE:
Esperanza.

HORTENCE:
Como la flor del mismo nombre. Honesta y sincera.

J

JILL:
Variación de Julia.

JOANNA:
Dios es bueno y me ama.

JOCELYN:
La justa.

JOSEPHINE:
Igual que Josefina o Josefa.

L

LETTICE:
Igual que Leticia.

LILLY:
Equivale a Lilia.

LYNN:
Lugar de montañas y árboles frutales.

M

MARIAN:
Equivale a Mariana.

MERCIA:
Procedente de Mercia.

MORGANA:
De la orilla del mar. Afecta al agua.

N

NANCY:
Variación de Nan.

P

PAULINE:
Igual que Paulina.

PRUDENCE:
Equivale a Prudencia. Mujer reservada.

R

RACHEL:
Del nombre hebreo Raquel.

REBECCA:
Igual que en español Rebeca.

ROSALIE:
Equivale a Rosalía.

S

SARAH:
Del hebreo Sara.

SCARLETT:
De color escarlata. Personaje principal de la película *Lo que el viento se llevó.* Protagonizada por Vivien Leigh.

SHERRY:
Jerez.

SUSAN o SUSANNE:
Equivale a Susana.

T

THEODORE:
Regalo de Dios para los menesterosos.

W

WYNNE:
De pálida complexión.

Y

YVONNE:
Arco de teja.

NOMBRES JAPONESES (HOMBRES):

H

HIDEO:
Hombre brillante.

HISAO:
Milagro.

I

ICHIRO:
Primer varón.

J

JIROO:
Segundo varón.

K

KAZUO:
Primer hombre.

KIYOTAKA:
Limpio y respetuoso.

M

MAMORU:
Guardián o protector.

MASAO:
Rectitud.

MITSUO:
Tercer hombre.

S

SADAMI:
Hombre fiel.

SHIGUE:
Abundancia.

SHIZUO:
Hombre tranquilo.

T

TAKESHI:
Valiente.

TOKIA:
Hombre de tiempo.

Y

YUKIO:
Nieve.

NOMBRES JAPONESES (MUJERES):

A

AIKO:
Amor.

AKARI:
Luz.

AKIKO:
Claridad.

H

HARUKO:
Primavera.

HARUMI:
Bella primavera.

HISAKO:
Eterno.

K

KIKUE:
Crisantemo.

M

MASAKO:
Rectitud.

MEGUMI:
Generosidad.

MIDORI:
Verde.

MYOKO:
Bella época.

S

SAYURI:
Pequeña azucena.

SHIGUEKO:
Abundancia.

T

TERUKO:
Brillante.

TOMOKO:
Amistad.

NOMBRES MAYAS (HOMBRES):

A

AHALCANA:
El que hace la aguadilla. Señor de Xibalbá. Junto con Ahalpuh causaba amarillez en los rostros de los hombres. Eran los del humor amarillo.

AHALMEZ:
El que hacía basura. Uno de los señores de Xibalbá, compañero de Ahaltocob. Juntos hacían que a los hombres les sucediera el mal y que murieran boca abajo.

AHALPUH:
El que labra las materias.

AHALTOCOB:
El que causaba miseria.

AHAU:
El señor o rey. Está compuesto de Ah y de Au que significa la cadena de la que pende una joya y así quiere decir: El de la joya o cadena que era la insignia de los reyes.

AVILIX:
Dios de los quichés.

B

BALAM ACAB:
Tigre de la noche. Uno de los primeros cuatro hombres que fueron creados. Su mujer fue Chomihá. Padre de la casa de Nihaib.

BALAM QUITZE:
El tigre de la risa dulce. Uno de los primeros hombres que fueron creados. Su mujer fue Cahá Paluná.

C

CABRACAN:
De dos pies. Segundo hijo de Vucub Caquix y de Chimalmat. Uno de los grandes soberbios. Hacía estremecer a los montes altos y pequeños.

CAMAZOTZ:
El dios murciélago. Cortó la cabeza de Hunahpú cuando fueron encerrados en la casa de los murciélagos.

CAVIZIMAH:
Señor principal, de la séptima generación de la casa de Cavec.

CHAMIAHOLOM:
Vara de calavera.

CHUCUMATZ:
Señor culebra verde. Creador y formador. Padre y madre de todo lo que hay en el agua, estaba adornado y oculto entre plumas verdes.

COACUL:
Uno de los dos hijos de Balam Acab y de Chomihá. Fue hermano de Coacutec. De la casa de Nihaib.

COAHAU:
Hijo de Mahucutah y Tzununihá.

COCAIB:
Uno de los hijos de Balam Quitzé y Cahá Paluná. De la casa de Cavec.

COTUHA:
Señor principal de la casa de Cavec, cuarta generación que gobernó con Ixtayul.

CUCHUMAQUIC:
Sangre junta. Uno de los señores de Xibalhá, padre de la doncella Ixquic. Junto con Xiquiripat causaban la enfermedad de los hombres.

H

HACAVITZ:
Dios de los Quichés, cuyo ídolo fue el tercero de los que sacaron de Tulán.

HUNAHPU:
El mono Hunahpú. Hermano de Ixbalanqué, hijos de Hun Hunahpú e Ixquic.

HUN BATZ:
Un hilado. Hermano de Hun Chouen, hijos de Hun Hunahpú y de Ixbaquiyaló.

HUN CAME:
Uno tomador. Junto con Vucub Camé eran los señores principales de Xibalbá.

HUN CHOUEN:
Uno que está en orden. Hermano de Hun Batz. Fueron convertidos en micos por haber maltratado a sus hermanos.

HUN HUNAHPU:
Un tirador. Hermano de Vucub Hunahpú. Hijos de Ixpiyacoc e Ixmucané.

I

IQUI BALAM:
Tigre de la luna. Uno de los cuatro primeros hombres que fueron creados. Esposo de Caquixaha.

IXTAYUL:
Señor principal, cuarta generación de la casa de Cavec.

IXTZUL:
El ciempiés.

K

KUKULCAN:
Es el equivalente a Quetzalcóatl.

M

MAHUCUTAH:
Uno de los primeros hombres que fueron creados. Fundadores de la casa de Ahau Quiché.

N

NACXIT:
Gran señor que gobernaba en el oriente.

NICAHTACAH:
Idolo que Iquí Balam sacó de Tulán.

P

PATAN:
Mecapal. Señor de Xibalbá, compañero de Xic. Causaban la muerte repentina de la gente.

Q

QUICAB:
Señor poderoso de la séptima generación de la casa de Cavec.

QUICRE:
Uno de los señores de Xibalbá.

T

TEPEU:
Uno de los dioses creadores y formadores.

TOHIL:
Dios de los quichés. Creó el fuego.

V

VUCUB HUNAHPU:
Siete tirador.

X

XIQUIRIPAT:
Angarilla voladora.

Z

ZIPACNA:
Creador de las montañas.

NOMBRES MAYAS (MUJERES):

A

ABAL:
Ciruela.

ABIL:
Nieta.

C

CAHA PALUNA:
Agua parada que cae de lo alto. Una de las cuatro primeras mujeres que fueron creadas.

CAQUIXAHA:
Agua de guacamaya. Una de las primeras mujeres que fueron creadas.

CHIMALMAT:
Mujer de Vucub Caquix.

CHOMIHA:
Agua hermosa y escogida. Una de las primeras mujeres que fueron creadas.

I

IXBAQUILAYO:
Mujer de Hun Hunahpú. Significa huesos atados.

IXMUCANE:
Compañera de Ixpiyacoc.

IXQUIC:
Sangre.

T

TZUNUNIHA:
Agua de gorriones.

NOMBRES EN NAHUATL (HOMBRES):

A

ACALLI:
El que emerge de las aguas.

ACATL:
Carrizo de agua.

ACOLHUA:
El fuerte. Es equivalente a Ricardo.

AHUITZ:
Aquel que tiene alas.

AMIMITL:
Flecha cazadora.

ANECUYOTL:
Fueron hermanos enemigos de Huitzilopochtli.

ATEMOC:
El agua que se va.

ATL:
Agua.

ATLAHUA:
El dueño del agua.

ATZIN:
Agüita.

AYO:
Que tiene jugo.

C

CALLI:
Casa.

CHICOMECOATL:
Siete serpiente. Fecha calendárica en que se celebraba la fiesta de la diosa de los mandamientos.

CINTEOTL:
Dios del maíz.

COHUATL:
Culebra.

CUAUHTEMOC:
Aguila que cae. Fue emperador Azteca.

CUAUHTI:
Aguila.

CUETZPALLIN:
Lagartija.

E

ECHECATL:
Dios del viento.

EHECATL:
Viento.

H

HUITZILOPOCHTLI:
Colibrí de la izquierda. Su relación con la izquierda deriva de que se halla asignado al sur del cosmos.

I

ITZCUINTLI:
Perro ordinario.

IXCAUATZIN:
El menospreciado.

IXCOZAUHQUI:
El de rostro amarillo.

IXTLILTON:
El negrillo.

IZTLI:
Dios del cuchillo de los sacrificios.

M

MACUILTOCHTLI:
Cinco conejos.

MACUIXOCHITL:
Cinco flores.

MALINALLI:
Hierba retorcida.

MAZATL:
Venado.

MIQUIZTLI:
Muerte.

MITL:
Flecha.

MOCTEZUMA:
El gran señor del ceño fruncido.

N

NAPATECUHTLI:
El cuatro veces señor.

O

OCEOTL:
Tigre.

OHTLI:
El que lleva al otro lado.

OLLIN:
Movimiento.

OMACATL:
Dios caña. Dios de los banquetes y los agasajos.

OPUCHTLI:
El izquierdo.

OTONTECUHTLI:
Señor de los otomíes.

P

PAYNAL:
El que es llevado de prisa.

Q

QUETZALCOATL:
Serpiente de plumas de Quetzal.

QUIAHUITL:
Lluvia.

T

TECPATL:
Pedernal.

TENETIC:
El que es muy listo.

TENYO:
Célebre o famoso.

TEPICTOTON:
Derivado de tepiquia: formar o modelar.

TETL:
Piedra.

TEZCACOAC:
En el lugar de las serpiente de espejos.

TEZCATLANEXTIA:
Espejo que hace brillar.

TEZCATLIPOCA:
Espejo que ahuma.

TIZOC:
El sangrado.

TLACAXIPEHUALIZTLI:
Desollamiento de hombres.

TLALOC:
Dios de la lluvia. Se deriva de Tlaoa "darse prisa".

TOCHTLI:
Conejo.

TOMIYAUHTECUHTLI:
El señor de nuestras espigas.

TONATIUH:
Dios del sol.

TOTOCHTIN:
Los conejos. Dios del pulque.

TOTOLTECATL:
El señor de Totollon.

TOTOTL:
Pájaro.

U

UITZNAVAC YAOL:
El enemigo del sur.

X

XIPPE:
El desollado. Dios de la fecundidad.

XIUHTECUHTLI:
Dios del fuego.

XOCHIPILLI:
El príncipe de la flor.

Y

YACATECUHTLI:
Señor de la nariz. Dios de los pochtecas o mercaderes.

YAUL TLACOCHCALCO:
Enemigo en la casa de las flechas.

YOLISTLAMAN:
De genio vivo.

YOLTIC:
El que vive.

NOMBRES EN NAHUATL (MUJERES):

A

ACACITLI:
Liebre de las aguas.

AHUIC:
Diosa de las aguas.

AYONECTILI:
Agua de miel.

AYOPECHTLI:
La que tiene su sede sobre las tortugas o la que tiene su sede en la niebla. Viene de Ayotl; tortuga Ayavitl; niebla.

C

CHALCHIUHTLICUE:
La de la falda de jade. Diosa de las aguas que corren.

CHALMECAIHUATL:
La señora de Chalman.

CHANTICO:
La que está en casa. Diosa del fuego. Era venerada en el vigésimo noveno edificio del Templo Mayor.

CHICOMECOATL:
Diosa de los mandamientos.

CIHUACOATL QUILAZTLI:
La mujer serpiente, fomentadora de legumbres.

CIHUAPIPILTIN:
Mujeres nobles. Se consideraban seres terribles.

CIHUATETEO:
Mujeres divinas. Eran las mujeres que morían de parto e iban
hacia el poniente para que en dicho lugar fueran compañeras del
sol.

CITLALI:
Estrella.

CITLI:
Liebre.

COATLICUE:
Madre de Quetzalcóatl y es una de las diosas lunares. Es la diosa
del agua dulce.

COZCACUAUHTLI:
Aura.

T

TEOTETL:
Piedra divina.

TETEUYAN:
La madre de los dioses.

TITL:
De nuevo vientre.

TLALLI:
Tierra.

TLAZOLTEUITL:
Diosa de la tierra y el amor.

TZAPUTLATENA:
La madre de los de Tzapotlán.

TZOPETL:
Agua dulce como el río.

X

XALLY:
Arena.

XALPICCILLI:
Arena fina.

XILLONEN:
La diosa de la mazorca tierna.

XOCHIQUETZAL:
Diosa de las flores.

XOCHITL:
Flor.

XUCHITL:
Flor. Princesa.

Y

YOYOL:
Corazón.

NOMBRES DE ESCRITORES MEXICANOS (HOMBRES):

AGUSTIN YAÑEZ:
Formó parte del grupo de escritores llamados *Bandera de Provincias*.

ALFONSO REYES:
Poeta, historiador y ensayista mexicano. Perteneció al Ateneo de la Juventud.

ARTEMIO DE VALLE-ARIZPE:
Escritor, autor "Del tiempo pasado".

CARLOS FUENTES:
Escritor, autor de *La muerte de Artemio Cruz, La región más transparente*; pertenece a los jóvenes maestros de la literatura mexicana.

CARLOS PELLICER:
Representante de la revista *Contemporáneos*, autor de *Piedra de sacrificio*, *Subordinaciones* entre otros.

GENARO FERNANDEZ MC GREGOR:
Escritor, perteneció al Ateneo de la Juventud. Su primera obra fue "Novelas triviales".

JAIME TORRES BODET:
Político y escritor mexicano. Escribió *Corazón delirante*, *Fronteras*, etc.

JOSE JOAQUIN FERNANDEZ DE LIZARDI:
Es considerado como el primer novelista hispanoamericano. Escribió *El periquillo sarniento*, *Don Catrín de la fachenda*, etc.

JUAN JOSÉ ARREOLA:
Autor de cuentos fantásticos y humorísticos.

MARTIN LUIS GUZMAN:
Novelista. Escribió *El águila y la serpiente* y *La sombra del caudillo* entre otras.

NOMBRES DE MUJERES FAMOSAS:

ALINDA BONACCI:
Poetisa italiana, muy precoz. Su primer libro lo publicó a los quince años. Su título es *Cantos*.

AMELIA BLOOMER:
Reformista y feminista americana. Llevó a cabo campañas para el derecho al voto.

ANA:
Reina de Francia, esposa de Enrique I.

ANNA BARYKOVA:
Poetisa rusa que preconizó las ideas religiosas y morales de Tolstoi.

ANNA BLAMAN:
Novelista holandesa. Entre sus obras más conocidas están "Mujer y amigo", "Aventura solitaria", "El cruzado" y "Combate a muerte".

ANNE BRADSTREET:
Poetisa americana. Es la primera poetisa de habla inglesa en América.

APHRA BEHN:
Escritora inglesa que dejó huella en la literatura europea con su novela *Oroonoko, historia del esclavo real*.

ARRIA:
Patricia romana mujer de cesenio Peto.

ASPACIA:
Nacida en Jonia. Célebre por su inteligencia y belleza. Reunió a los hombres más cultos de Atenas.

BARBARA BLOMBERG:
Amante de Carlos V. Madre de Don Juan de Austria.

BERENICE:
Princesa judía de gran belleza. Dos veces reina y casi emperatriz. Se casó con Herodes.

BERNADETTE:
Pequeña que vio a la Virgen de Lourdes.

BERTA:
Esposa de Pipino el breve y madre de Carlomagno.

BIANCA CAPPELLO:
Gran duquesa de Toscana. Hija de una de las familias más acaudaladas de Venecia. Se casó en secreto con Pietro Bonaventuri y escapó con él.

BLANCA DE CASTILLA:
Reina de Francia dos veces regente.

BRUNEQUILDA:
Reina de Austrasia, hija del rey de los visigodos.

CARLOTA:
Emperatriz de México, esposa de Maximiliano.

CARMEN BURGOS:
Escritora y poetisa española. Utilizó el pseudónimo de Colombine. Escribió en numerosos periódicos y revistas.

CAROLINA BONAPARTE:
Hermana de Napoleón, reina de Nápoles.

CATALINA DE MEDICIS:
Reina de Francia. Nieta de Lorenzo el magnífico.

CATALINA HOWARD:
Reina de Inglaterra. Quinta esposa de Enrique VIII.

CATALINA PARR:
Reina de Inglaterra, sexta y última esposa de Enrique VIII.

DELMIRA AGUSTINI:
Poetisa uruguaya, una de las más célebres de su país.

FLORENCE BARCLAY:
Novelista inglesa; autora de *El rosario*.

JANE AUSTEN:
Novelista inglesa. Escribió *Razón y sensibilidad* y *Orgullo y prejuicio*.

JOSEFINA GREY BUTLER:
Feminista inglesa. Fundó La federación abolicionista internacional. La apoyaron Mazzini y Víctor Hugo.

KATARINA VON BORA:
Esposa de Lutero. Siempre alentó a Lutero; tuvieron tres hijos y dos hijas.

LILY BOULANGER:
Compositora francesa, autora de sonatas, melodías y salmos.

LOUISA MAY ALCOTT:
Novelista americana autora de *Mujercitas* y *Relatos de hospital*. Se dedicó a actividades feministas.

LUCRECIA BORGIA:
Duquesa de Ferrera. Hija del cardenal Borja. Siempre fue juguete de su padre. A los veintiún años subió al trono; su corte fue la más brillante de Italia.

MARGARETE ZUR BENTLAGE:
Novelista alemana. Escribió *Bajo las encinas* y *La marisma azul*.

MARIA AGNESI:
Matemática italiana. Niña prodigio en el estudio de ciencias y lenguas.

MARIA LETIZIA BONAPARTE:
Madre de Napoleón. Se casó a los catorce años y tuvo trece hijos.

MARYSE BASTIE:
Aviadora, teniente del ejército del aire francés.

SANTA BLANDINA:
Joven esclava cristiana martirizada en Lyon durante el reinado de Marco Aurelio.

SIGRID BOO:
Novelista noruega. Escribe "Todos piensan en sí mismos" y "Sólo yo pienso en mí" entre otras.

SOR MARIA DE JESUS DE AGREDA:
Religiosa y escritora española.

VICKI BAUM:
Novelista austríaca, autora de *Gran hotel* y "El lago de las damas" entre otras.

SOBRE LA AUTORA:

Lourdes Cárdenas es una mujer talentosa de diversos intereses; una de ellas, la de investigar y coleccionar nombres para bebés. Aunque se recibió en psicología en la Universidad Nacional Autónoma de México, prefiere dedicar el resto del tiempo al cuidado de su esposo y sus hijos.